30 Janvier 1909

marqué P

VENTE
Du Samedi 30 Janvier 1909
HOTEL DROUOT, SALLE N° 11
à 2 heures

❀

OBJETS D'ART ET D'AMEUBLEMENT

Européens, Chinois et Japonais

PORCELAINES DE CHINE

MEUBLES

EXPERT DE H STETTINER

COMMISSAIRE-PRISEUR
Mᵉ F. LAIR-DUBREUIL
6, rue Favart

EXPERTS
MM. MANNHEIM
7, rue Saint-Georges

CATALOGUE

DES

OBJETS D'ART & D'AMEUBLEMENT

Européens, Chinois et Japonais

PORCELAINES DE CHINE

Laques, Sabres, Objets variés Japonais

MEUBLES

DONT LA VENTE AURA LIEU

HOTEL DROUOT, SALLE N° 11

LE SAMEDI 30 JANVIER 1909

A DEUX HEURES

COMMISSAIRE-PRISEUR	EXPERTS
Me F. LAIR-DUBREUIL 6, rue Favart	**MM. MANNHEIM** 7, rue Saint-Georges, 7

EXPOSITION PUBLIQUE

Le Vendredi 29 Janvier 1909, de 1 h. 1/2 à 5 h. 1/2

CONDITIONS DE LA VENTE

Elle sera faite au comptant.

Les adjudicataires paieront *dix pour cent* en sus des enchères.

L'exposition mettant le public à même de se rendre compte de l'état et de la nature des objets, aucune réclamation ne sera admise une fois l'adjudication prononcée.

Paris. — Imp. de l'Art, CH. BERGER, 41, rue de la Victoire.

DÉSIGNATION

PORCELAINES DE CHINE

1 — Deux grands vases en porcelaine de Chine.

2 — Deux vases quadrilatéraux en porcelaine blanche de la Chine, ornés d'ustensiles en relief.

3 — Vase en ancienne porcelaine de Chine emaillée gris craquelé, à goulot renflé, orné sur l'épaulement de personnages et d'un dragon en haut-relief. Époque des Song.

4 — Vase-rouleau en ancienne porcelaine de Chine, décoré de rochers, fleurs et oiseaux sur fond quadrillé rouge. Époque des Ming.

5 — Plat en ancienne porcelaine de Chine, époque Kang-shi, décoré de fleurs et d'insectes au fond, avec marli à six réserves fleuries.

6 — Petit plat creux en ancienne porcelaine de Chine, époque Kang-shi : rochers, branchages fleuris et faisan.

7 — Deux vases en ancienne porcelaine de Chine, époque Kang-shi, à décor d'oiseaux et branchages fleuris.

8 — Pitong en ancienne porcelaine de Chine, époque Kang-shi : personnage, ustensiles et fleurs.

9 — Bol en ancienne porcelaine de Chine, époque Yung-tching, décoré de fleurs.

10 — Bouteille munie de deux petites anses plates en ancien céladon gris-bleuté de la Chine. Époque Kien-lung.

11 — Bouteille en ancien céladon vert d'eau de la Chine, goulot muni de deux petites anses. Époque Kien-lung.

12 — Petite potiche, décorée de lambrequins, fleurs et ustensiles. Ancienne porcelaine de Chine. Époque Kien-lung.

13 — Potiche en ancienne porcelaine de Chine, décorée, en bleu, d'animaux et d'oiseaux dans un paysage montagneux.

14 — Petit vase à goulot étroit en ancien céladon bleu-turquoise truité de la Chine.

15 — Petit chien de Fô en ancien blanc de Chine.

16 — Coupe libatoire en ancien blanc de Chine.

17 — Statuette de personnage debout en porcelaine de la Chine, partiellement émaillée vert, avec parties réservées en biscuit brun.

18 — Petit vase en céladon gris-craquelé de la Chine, orné de bambous.

19 — Vase, de forme ovoïde, en grès flambé de la Chine, à couverte jaspée.

20 — Petite coupe sur trois pieds en grès flambé de la Chine.

21 — Statuette de Kouan-in en céramique blanche de la Chine.

22 — Vase, de forme surbaissée, en ancienne terre émaillée, à décor de dragons. Travail chinois (?)

23 — Compotier, décoré de lambrequins, en ancienne porcelaine demi-mince de la Chine.

24 — Assiette, décorée d'une femme faisant de la musique; marli à réserve sur fond argenté. Ancienne porcelaine de Chine.

FAIENCES ET PORCELAINES
EUROPÉENNES

25 — Potiche en ancienne faïence de Delft, décor de fleurs et oiseaux en bleu.

26 — Deux flambeaux, décor en bleu, en faïence hollandaise.

27 — Jardinière demi-cylindrique, décorée de fruits et de fleurs, en ancience faïence de Lorraine.

28 — Sucrier et soucoupe, décor de personnages sur fond violacé. Ancienne porcelaine de Saxe.

29 — Tasse, décorée de fleurs, en ancienne porcelaine de Paris.

30 — Sucrier avec couvercle, décoré de lambrequins en bleu, en ancienne porcelaine tendre de Saint-Cloud.

31 — Tasse et un présentoir, décor bleu. Ancienne porcelaine tendre de Saint-Cloud.

OBJETS VARIÉS
DE L'ORIENT ET DE L'EXTRÊME-ORIENT

32 — Perdrix en argent partiellement émaillé. Travail japonais.

33 — Petit groupe de deux oiseaux en bronze argenté et doré. Travail japonais.

34 — Petit plateau en laque d'or, avec applications de burgau, pierre de lard, à décor d'oiseau, chien et fleurs. Monture et anse surélevée en argent.

35 — Coupe en laque à fond d'or, décorée au fond d'un vieillard, d'un enfant et d'un personnage à tête de poisson ; les têtes et les mains sont exécutées en ivoire. Travail japonais.

36 — Statuette de femme debout en laque d'or, avec applications de burgau, tête, mains et pieds exécutés en ivoire. Travail japonais.

37 — Vase, de forme sphérique, avec couvercle en laque d'or, décoré de personnages, chariot, palanquin, etc., exécutés en applications de nacre, burgau, etc. ; bouton de couvercle en forme d'oiseau, pieds dragons en argent ; support en bois. Travail japonais.

38 — Deux peignes en laque d'or du Japon, décorés d'un personnage et de fleurs.

39 — Trois inros, deux en laque d'or, à décor de personnages et masques, le troisième en laque incrustée de burgau. Travail japonais.

40 — Deux vases en laque d'or, décorés de singes laqués en couleurs dans des attitudes diverses. Travail japonais.

41 — Sabre japonais à manche et fourreau d'émail cloisonné : dragons et fong-hoang sur fond blanc avec armoiries.

42 — Poignard japonais, garni d'argent, à manche orné d'un oiseau, fourreau en bois laqué.

43 — Poignard japonais à manche et fourreau en laque d'or, avec appliques en argent partiellement émaillé.

44 — Poignard japonais à manche et fourreau en argent filigrané, ajouré et partiellement émaillé à fleurs.

45 — Petit vase en ivoire, orné d'oiseaux et fleurs exécutés en nacre et burgau. Pied, anses-dragons, monture et couvercle en argent filigrané et partiellement émaillé. Travail japonais.

46 — Groupe en ivoire du Japon, simulant la statue du dieu du tonnerre que peignent des personnages.

47 — Petit groupe en ivoire du Japon : personnage et enfants prenant des poissons ou jouant avec une tortue.

48 — Groupe en ivoire, composé d'un personnage accompagné d'un enfant que pique une abeille. Travail japonais.

49-51 — Quatre pièces : groupe, figurines et petit support en ivoire du Japon.

52 — Deux petits masques en ivoire. Travail japonais.

53 — Petit groupe en ivoire du Japon, composé d'un personnage et de cinq démons portant des ustensiles variés.

54 — Groupe en jade gris de la Chine, composé d'un éléphant supportant un vase avec couvercle et accompagné de deux personnages.

55 — Sabre japonais à fourreau laqué et garde en fer.

56 — Sabre japonais, garde en shakoudo doré.

57 — Sabre japonais à garde de fer ajouré et doré.

58 — Groupe minuscule d'animaux en lapis. Travail japonais.

59-61 — Dix netzukés en ivoire. Japon.

62 — Ecran de table en laque burgautée de la Chine.

63 — Pitong en bois sculpté : paysage animé. Travail chinois.

64 — Garde de sabre japonais en fer partiellement doré : paysage.

65 — Trois gardes et huit menoukis du Japon, dans un encadrement de bois.

66 — Petite boîte en écaille ciselée de la Chine.

67 — Petite boîte en laque rouge ciselée de Pékin.

68 — Éventail en ivoire sculpté, feuille à nombreux personnages. Avec écrin. Travail chinois.

69 — Sabre japonais avec kotzuka et kogai.

70 — Sabre japonais, garde de fer doré ; fourreau en laque noire avec kotzuka et kogai.

71 — Petit brûle-parfum avec couvercle, décor d'animaux. Bronze du Japon.

72 — Petit cornet décoré d'oiseaux en bronze du Japon.

73 — Crapaud en bronze du Japon.

74 — Tortue en bronze du Japon.

75 — Petit brûle-parfum à couvercle ajouré en bronze du Japon.

76 — Petite corbeille en bronze du Japon.

77 — Petite jardinière quadrilobée en bronze du Japon.

78 — Poignard oriental, garni de fer doré.

79 — Groupe en ivoire du Japon, composé d'un personnage debout tenant une pagode et accompagné de démons. Signé.

80 — Statuette de personnage debout tenant un soulier. Bronze de la Chine.

81 — Kakemono, orné d'une divinité et de deux petits personnages. Chine.

82 — Petit socle et couvercle en ivoire ajouré et sculpté de la Chine.

83 — Petit masque en ivoire avec parties laquées. Travail japonais.

84-85 — Seize gardes de sabres. Travail japonais. (Seront divisées.)

86 — Trois défenses d'éléphants sculptées.

87 — Deux vases, sur trois pieds et à deux anses surélevées, en bronze de la Chine.

88 — Dix petites tasses en laque burgautée, à fond noir. Chine.

89 — Petite coupe sur pied en ancien émail cloisonné de la Chine.

90 — Boîte ronde avec couvercle en cuivre étamé et gravé. Travail persan.

91 — Pied de flambeau en cuivre gravé et damasquiné. Ancien travail arabe.

92 — Coupe en cuivre étamé et gravé. Travail persan.

93 — Coupe en cuivre étamé et gravé. Perse.

94 — Crachoir en cuivre gravé de la Perse.

95 — Deux bassins en cuivre gravé, inscriptions et rosaces. Travail persan.

96 — Deux papyrus.

97 — Miroir à main dans un cadre en argent filigrané. Travail turc.

98 — Coffret en argent repoussé, à décor de fleurs. Travail turc.

99 — Grand panneau brodé de soie sur fond noir. Travail des colonies espagnoles.

100 — Trois canopes égyptiennes en albâtre.

OBJETS VARIÉS EUROPÉENS

101 — Statuette de Mercure debout en marbre blanc; travail antique. Provenant des fouilles du Forum.

102 — Statuette en marbre blanc : l'Amour endormi.

103 — Buste d'adolescent en marbre blanc.

104 — Buste de femme en marbre blanc.

105 — Statuette de Jeanne d'Arc en pierre rouge de Sibérie.

106 — Coupe en marbre.

107 — Deux plateaux ronds en marbre.

108 — Dessus de guéridon en marbre de Florence.

109 — Trois flacons de toilette en verre rouge à bouchons de cuivre.

110 — Flacon en verre rouge, pied et bouchon de cuivre.

111 — Gobelet sur pied en verre rouge et cuivre.

112 — Gobelet sur pied en verre rouge gravé; monture en cuivre gravé.

113 — Douze pièces, verrerie gravée, gobelets, flacons et soucoupes.

114 — Deux flambeaux, verre rouge et bronze.

115 — Six petits flacons variés en verre rouge.

116 — Horloge de table en cuivre gravé. Ancien travail allemand.

117 — Chèvre et chevreau en bronze.

118 — Statuette de femme nue debout en bronze. Signée : *Gechter, 1841*.

119 — Deux statuettes de femmes nues debout. Signées : *Gechter, 1841*.

120 — Groupe en bronze : l'Enlèvement de Proserpine, d'après *Girardon*.

121 — Groupe en bronze : l'Enlèvement d'une Sabine, d'après *Jean de Bologne*.

122 — Statuette en bronze : Pêcheur. Signée : *Pradier*.

123 — Deux statuettes en bronze de style antique.

124 — Bas-relief à sujet de Bacchanale.

125 — Pendule et deux candélabres en bronze doré, à décor d'amours.

126 — Deux lampes montées dans des vases en porcelaine rouge.

127 — Trois pièces, agate : boule, coquetier et coupe.

128 — Petite lampe en terre noire, ornée d'un mascaron.

129 — Porte-cigares en ivoire, avec fermoir et charnières en argent.

130 — Plaque de pulvérin en cuivre repoussé, ajouré et gravé, à décor de cavaliers, trophée etc. XVIe siècle.

131 — Deux petits plats en étain, sujets religieux. Ancien travail allemand.

132 — Bassin en étain.

133 — Bas-relief en terre cuite, jeux d'enfants, avec la signature : C^l, *1776*.

134 — Moutardier en verre blanc.

MEUBLES

135 — Commode à trois tiroirs en marqueterie, avec incrustations d'ivoire. Poignées de bronze.

136 — Meuble scriban hollandais en marqueterie de bois de couleurs du XVIIIe siècle.

137 — Grande armoire allemande en bois sculpté, à décor de fruits et fleurs.

138 — Cabinet en bois sculpté, à rinceaux et médaillons-bustes.

139 — Deux meubles à hauteur d'appui en marqueterie et bronze ; dessus de marbre.

www.ingramcontent.com/pod-product-compliance
Lightning Source LLC
LaVergne TN
LVHW021918180726
843502LV00008B/3143